AF359217

LES BUTTES CHAUMONT ILLUSTRÉES

PRIX : 60 CENT.

LES

BUTTES CHAUMONT

ILLUSTRÉES

TEXTE & VIGNETTES PAR LOUIS AUBRUN

Prix : 60 Cent.

CHEZ L'AUTEUR, 2, RUE DES CHARBONNIERS-SAINT-ANTOINE

ET CHEZ TOUS LES LIBRAIRES

(Tous Droits réservés.)

PARIS

TYPOGRAPHIE CH. MARÉCHAL, 28, RUE FONTAINE-AU-ROI

ENTRÉE DU PARC PAR LA PORTE PUEBLA.

LES BUTTES CHAUMONT

UJOURD'HUI les Buttes Chaumont ont perdu en partie leur caractère original. Ces vastes terrains, composés de mamelons sous lesquels se trouvent d'énormes carrières exploitées depuis des siècles, produisent des pierres et de la terre glaise pour la fabrication du plâtre et des briques. Il faudrait pouvoir suivre MM. Cuvier et Brongniart dans leurs descriptions sur les carrières des environs de Paris, pour avoir une idée complète de la formation du sol. Je me bornerai donc à dire que ces Buttes, n'étant pas aussi élevées que la butte Montmartre, ne renferment dans leur sein ni banc d'huîtres, ni sables argileux, ni grès marins, et que, pendant longtemps, ces carrières ont servi d'asile et de refuge aux gens sans domicile, aux vagabonds et même aux voleurs de la grande ville.

Ces localités sont appelées aujourd'hui à faire les délices de la population parisienne et l'admiration des étrangers. Chacun louera le génie, le bon goût et le savoir de M. ALPHAND, ingénieur en chef de la Ville de Paris, dont les plans ont été approuvés par le grand architecte rénovateur de la France, Sa Majesté l'Empereur Napoléon III, ainsi que le talent de M. Paris, qui conduit les travaux de cette merveille.

Si, jusqu'à ce jour, un nombre très limité d'étrangers, de Français et même de Parisiens connaissent les Buttes Chaumont pour les avoir visitées, il est

VUE DU CAFÉ ET DU MAMELON PUEBLA.

certain que les changements survenus depuis plusieurs années dans cette partie de notre capitale, vont faire affluer les voyageurs de toutes parts.

Le nouveau parc des Buttes Chaumont contient vingt-cinq hectares de superficie, et présente la forme d'un triangle curviligne. Il est entouré d'une grille en fer ; six portes y donnent entrée, et deux larges boulevarts circulaires le longent dans toute son étendue, l'un à l'ouest, l'autre à l'est.

Au nord, se trouve la rue de Crimée, qui va de la rue d'Allemagne au square de Belleville ; au sud, la rue Puebla, qui va de la Petite-Villette à la rue de Paris-Belleville.

Dans l'intérieur du Parc sont établis plusieurs cafés qui, ainsi que les postes des gardiens, ont la forme de châlets suisses. Ces constructions élégantes et coquettes sont d'un effet pittoresque et charmant dans la verdure qui les environne.

En entrant dans le Parc par la porte Puebla, le premier mamelon que l'on aperçoit (voir la gravure), est le mamelon dit labyrinthe. De son sommet, l'on domine entièrement Paris et ses environs, tels que Romainville, les Prés-Saint-Gervais, Pantin, Gonesse, les plaines des Vertus, Aubervilliers, Saint-Denis, Montmorency, etc.

Si, en descendant du labyrinthe, vous sortez du Parc par la porte Fessart qui se trouve à votre droite, vous voyez devant vous la terrasse qui longe le boulevart et offre au voyageur encore un autre point de vue splendide.

Sur le premier plan, et sous vos yeux s'élève une immense falaise rappelant un peu par son caractère celles d'Etretat. A l'intérieur est un escalier de deux cents marches, et au sommet doit être construit le temple de la Sibylle de Tivoli. Cette falaise ou rocher, entourée de tous côtés par les eaux du lac, est reliée à la terre

ENTRÉE DU PARC DU CÔTÉ DE LA RUE LAFAYETTE.

par deux ponts, l'un en briques, l'autre en fer ; ce dernier est suspendu et d'un effet charmant.

Les eaux qui alimentent le lac, venant des réservoirs de Ménilmontant, ont nécessité un travail considérable. Elles coulent à l'intérieur de cascade en cascade et se précipitent ensuite dans un vaste bassin circulaire, dont le trop plein doit se perdre dans une grotte au sud, et de là rejoindre, par d'autres conduits, le canal Saint-Martin.

Du même endroit, sur la terrasse, se voit aussi une déchirure du sol. C'est là que passe le chemin de fer de ceinture ; puis le souterrain dans lequel il se perd entre les carrières du centre et celles d'Amérique.

Encore un peu plus loin, de l'autre côté du Parc et longeant le boulevart, est une modeste église ; c'est le temple protestant de La Villette ; sa construction n'est dépourvue ni d'élégance ni de légèreté. Plusieurs habitations l'environnent et forment sur cette colline, parsemée d'arbres, recouverte de gazon et coupée de sentiers, une masse originale.

« Cette église fut construite grâce aux soins de M. de Bodelschwingh, qui se hâta, il y a six années à peine, de prendre possession de ce coin de terre au nom de ses pauvres coreligionnaires (1).

« Fils d'un ancien ministre des finances du feu roi de Prusse, M. de Bodelschwingh se décida à quitter le bien-être et les affections du toit paternel, pour venir, comme le bon pasteur dont parle l'Evangile, chercher dans ce quartier et réunir entre eux les fils de cette grande patrie allemande, pour qui, aujourd'hui, ce coin de terre est en quelque sorte l'image du drapeau de la patrie absente.

(1) Henri Parrot, *Souvenirs de Montfaucon*.

VUE DE LA FALAISE ET DU LAC

« La langue du pays est aussi pour tous ces émigrés un puissant moyen d'attraction, car chaque jour de nouvelles familles ne cessent d'affluer.

« Quatre écoles florissantes et bien dirigées représentent aujourd'hui un ensemble de deux cent soixante enfants ; deux de ces écoles sont entièrement allemandes, et deux exclusivement françaises. C'est, on le voit, une vraie communauté. »

Si de la porte Puebla le voyageur traverse le Parc dans sa largeur, il a devant lui une autre porte, près de laquelle est aussi un pont en fer. Cette porte s'ouvre sur la rue Lafayette, qui doit commencer en cet endroit pour se terminer au théâtre de l'Opéra. Cette voie, une des plus longues de Paris, va donc aussi relier ce nouveau quartier au centre de la grande ville.

Les Français et les étrangers, qui prirent part en 1814 à la lutte sanglante qui se livra sur les Buttes Chaumont, ne reconnaîtraient plus aujourd'hui leur champ de bataille. « Ce fut là que le chef de bataillon Paixhans prouva ce qu'on aurait pu faire

avec de l'artillerie bien servie et bien postée (1). Avec deux faibles corps et quelques gardes nationaux, mal armés et mal approvisionnés de munitions, il repoussa
deux fois l'ennemi qu'il couvrit de mitraille. Des lignes entières de Russes et de
Prussiens furent renversées. Mais Blucher envoya de nouvelles forces qui les sou-
tinrent, pendant qu'un autre corps d'armée gravissait au sud les pentes de Ménilmontant, et que Belleville était pris à revers, malgré l'héroïque défense du maréchal Marmont.

« D'autres divisions de grenadiers russes avec les Badois attaquent Pantin,
les Prés-Saint-Gervais et La Villette, enlèvent ces positions aux divisions presque
détruites de Boyer et de Michel, gravissent aussi les Buttes sous le feu plongeant de
l'artillerie de Paixhans, et parviennent enfin à repousser ceux qui, depuis le matin, dé-
fendaient à un ennemi dix fois supérieur en nombre, l'entrée ouverte de la capitale. »

(1) THIERS, *Histoire du Consulat et de l'Empire.*

ENTRÉE DU PARC DU CÔTÉ DE LA RUE FESSART.

Le point culminant des Buttes Chaumont est de quatre-vingt-dix mètres au-dessus de la mer, et elles se trouvent situées au nord-est de Paris, entre la Petite-Villette et Belleville.

En 1761, le gibet de Montfaucon y fut transporté, et il en reste encore des vestiges que les cicerones montrent aux voyageurs. Les établissements d'équarrissage, qui sont aujourd'hui dans la plaine des Vertus, avoisinaient le gibet de Montfaucon et répandaient souvent l'été, lors des fortes chaleurs, des émanations infectes qui empestaient les habitants des quartiers voisins.

Aujourd'hui que toutes ces choses ont disparu, grâce à l'intelligence de notre Administration municipale, et sont remplacées par ces parcs, ces jardins et ces boulevarts, nul doute qu'une population nombreuse et d'élégantes constructions ne surgissent de terre, comme par enchantement, pour donner à cette partie de notre capitale la vie et le mouvement qu'on y trouve partout.

MOYENS DE TRANSPORT

L'Omnibus des Ternes à Belleville, lettre **M**, conduit à l'ancien boulevart de Belleville;

L'Omnibus, lettre **N**, conduit de la place des Victoires à la rue de Paris (Belleville);

L'Omnibus, lettre **AC**, va du Cours-la-Reine à la route d'Allemagne, à quelques minutes seulement du Parc.

VUE PANORAMIQUE D'UNE PARTIE DU PARC.

Paris. — Typ. Ch. Maréchal, rue Fontaine-au-Roi, 11.

www.ingramcontent.com/pod-product-compliance
Lightning Source LLC
LaVergne TN
LVHW012150170726
843503LV00009B/4083